AF591860

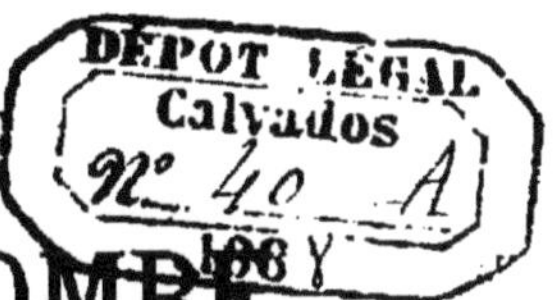

M. DEMOLOMBE

et ses Œuvres

DISCOURS

PRONONCÉ

A la Séance de rentrée des Facultés de l'Académie de Caen

LE 3 NOVEMBRE 1887

PAR

M. JOUEN

PROFESSEUR A LA FACULTÉ DE DROIT DE CAEN

CAEN

HENRI DELESQUES, IMPRIMEUR-LIBRAIRE

RUE FROIDE, 2 ET 4

1888

Monsieur le Recteur,

Messieurs,

Une tradition universitaire veut que, chaque année, à la séance solennelle de rentrée des Facultés, un discours soit prononcé par un professeur de l'une de ces Facultés, sur un sujet choisi par lui, et se rattachant, en général, à son enseignement.

Cette année, c'était à la Faculté de Droit qu'il appartenait de désigner un de ses membres pour prononcer le discours d'usage, et, conformément à la règle qu'elle a toujours suivie, la Faculté a choisi le plus ancien des professeurs auxquels n'était pas encore échue la mission d'essayer, pendant quelques instants, d'intéresser à nos études ceux qui nous font l'honneur d'assister à cette cérémonie.

Je n'ai pas eu, Messieurs, et ne pouvais avoir d'incertitude sur le choix de mon sujet.

La mort de l'homme éminent qui a été, jusqu'à

ses derniers moments, notre chef aimé et respecté, ne laissait place, pour le professeur chargé de prendre la parole au nom de la Faculté de Droit de Caen, qu'à un hommage de pieuse reconnaissance rendu à la mémoire de celui qui était notre orgueil et notre gloire !

En Monsieur Demolombe, la France a perdu le plus grand des jurisconsultes du siècle; le barreau de cette ville, un confrère vénéré, dont chaque consultation était, à elle seule, une œuvre ; la Faculté de Droit un doyen modèle et un maître dont l'enseignement sans égal a créé toute cette phalange de professeurs sortis de notre École, et a été la cause de ces succès répétés dans les concours, que la Faculté de Caen a le droit de rappeler avec une légitime fierté !

M. Demolombe n'est plus, et c'est un devoir sacré en même temps qu'un honneur insigne, pour ceux qui, comme moi, ont eu le bonheur d'être ses élèves, de pouvoir contribuer, dans la limite de leurs forces, à perpétuer le souvenir de celui que l'on peut, à juste titre, appeler le Pothier des temps modernes !

Il faut, dans cette Faculté qu'il a vivifiée si longtemps de sa parole, de sa méthode, et, disons le mot vrai, de son génie, il faut que l'âme du maître soit toujours présente, et que, de génération en génération, se transmette, sans s'altérer jamais, sous le patronage de sa mémoire, cet amour de l'étude du Droit civil qu'il savait si bien inspirer à ses élèves, et qui a fait la force de notre École de droit.

M. Demolombe n'est plus; mais il restera notre guide et notre modèle, et il vivra éternellement parmi nous. Car il sera notre tradition!

M. Charles Demolombe (Jean-Charles-Florent) est né à La Fère (Aisne), le 22 juillet 1804.

C'est dans cette année, le 30 ventôse an XII (21 mars 1804), que les diverses lois civiles, votées successivement en l'an XI et en l'an XII, avaient été codifiées.

La même année a donc vu naître à la fois le Code civil et celui qui devait en être le plus illustre interprète.

Une grande œuvre, et un grand homme!

M. Demolombe fit, à Paris, au lycée Louis-le-Grand, de fortes études, et, en 1822 (il était alors en rhétorique), on le voit figurer comme lauréat au Concours général.

On retire toujours quelque fruit des études classiques.

Le latin et le grec ne se parlent plus, il est vrai, mais ils apprennent à écrire la vraie langue française, la langue de Bossuet, de Boileau, de Corneille et de Racine.

Homère, Sophocle, Sénèque, Tite Live, Tacite, Cicéron, Horace et Virgile, sont bien loin de nous, mais on se fortifie l'esprit au contact de leurs œuvres.

Ils sont la source de notre littérature, et c'est à la source que l'eau est le plus pure.

C'est à cette étude des classiques, que rien ne

peut suppléer, que M. Demolombe dut le style élégant et littéraire de ses œuvres, la précision du langage, et la correction des idées.

M. Demolombe est, toute sa vie, resté un classique.

Quand il s'agit de se choisir une carrière, M. Demolombe opta pour l'étude du droit.

Elle convenait à la maturité de son intelligence et à son profond amour pour la justice.

M. Demolombe fit son droit à Paris, et il le fit, non seulement comme un bon élève, mais comme un élève hors ligne, ne se contentant pas de passer avec succès ses examens, mais voulant devenir un jurisconsulte.

La récompense ne se fit pas longtemps attendre, et ce fut justice.

Le 29 août 1826, un arrêté du Conseil royal de l'Instruction publique institua, à Paris, un concours pour cinq places de suppléants dans les Facultés de Droit.

Ce concours s'ouvrit au mois de mars 1827.

M. Demolombe, docteur en droit depuis 1826, y prit part. Le concours dura quatre mois, et, le 5 juillet 1827, le jury proclama le résultat.

M. Demolombe était admis comme suppléant à la Faculté de Droit de Caen.

Il était donc reçu, dès son premier concours, d'emblée, comme professeur suppléant, titre qui correspondait alors à l'agrégation d'aujourd'hui.

Il n'avait pas encore tout à fait vingt-trois ans !

Le 21 juillet 1827, un arrêté de Mgr Frayssinous,

alors ministre de l'Instruction publique, instituait dans ses fonctions de suppléant à la Faculté de Caen ce jeune homme par l'âge, cet homme par l'intelligence et le savoir.

A cette époque, le concours n'était pas seulement le mode de recrutement des suppléants.

L'obtention d'une chaire magistrale nécessitait un second concours.

Aussi M. Demolombe, ne se reposant pas sur ses lauriers, si vaillamment conquis, travailla-t-il sans relâche, en vue de la nouvelle épreuve qu'il devrait subir pour être nommé professeur titulaire.

Le 1er mars 1830, un concours s'ouvrait devant la Faculté de Droit de Paris.

M. Demolombe se présenta. Sa première thèse était faite et imprimée, lorsqu'une inflammation d'entrailles, suite d'un labeur sédentaire excessif, et dont il souffrait depuis deux ans, se réveilla si violemment qu'il fut obligé d'interrompre tout travail et de renoncer à poursuivre les épreuves du concours.

La crise fut assez forte pour que sa mère, accourue près de lui, dût attendre quelque temps avant de pouvoir le faire transporter à Villers-Cotterets, où elle habitait.

M. Demolombe se rétablit, et put revenir à Caen reprendre ses fonctions de professeur suppléant.

Mais il s'est ressenti toute sa vie de cette grave atteinte, et ce n'est qu'au prix des plus grands ménagements et de l'absence de toute veille prolongée, qu'il a pu, pendant sa longue existence, conserver la santé corporelle, si nécessaire à la santé intellectuelle.

Aussi M. Demolombe contracta-t-il l'habitude invariable du travail matinal, et, grâce à la réglementation méthodique de l'emploi du temps, il put arriver, sans fatigue, presque sans efforts, à des résultats considérables.

Quel puissant levier que la régularité !

Mais aussi, quelle force de volonté et quelle puissance dans l'intelligence il faut pour ne jamais s'écarter du but proposé, ne s'en laisser distraire par rien, et pour être toujours prêt, à l'heure dite, pour se remettre à l'étude, et l'abandonner ensuite sans regrets, parce qu'on est sûr, le lendemain, de se retrouver tout disposé à la reprendre.

Un nouveau concours s'ouvrit le 2 mai 1831, à Caen, pour l'obtention d'une chaire de Code civil, vacante dans la Faculté.

Les épreuves de ce concours ne furent qu'un succès pour le jeune professeur suppléant, et, le 29 juin, les suffrages unanimes du jury désignèrent M. Demolombe pour cette chaire.

Il fallait trente ans pour être nommé professeur titulaire. M. Demolombe n'avait pas encore vingt-sept ans ! Il ne devait les avoir que le 22 juillet.

Une décision royale du 18 août 1831 lui accorda une dispense d'âge, et le 26 août, un arrêté de M. de Montalivet, alors ministre de l'Instruction publique, institua M. Demolombe comme professeur de Code civil.

Le 31 août 1831, M. Demolombe était installé par le recteur de l'Académie, devant la Faculté de Droit de Caen, dans cette chaire de droit civil qu'il devait, toute sa vie, conserver, et qu'il a illustrée par son enseignement.

M. Demolombe était donc définitivement attaché à notre ville et à notre Faculté.

Dans cette vieille cité normande, calme, paisible, amoureuse des Lettres et du Droit, il allait, loin des agitations et des distractions du monde, pouvoir se livrer à ses chères études, et se spécialiser désormais dans le droit civil, qui devenait son domaine définitif.

Et ce domaine, c'était le plus beau de tous.

Cet enseignement, c'était, à ses yeux, et il avait raison, l'enseignement par excellence !

Des autres enseignements, certains sont des spécialités ; d'autres, de l'histoire juridique. Tout cela est utile, indispensable même à connaître. Mais le droit civil, lui, est la base fondamentale des études de droit.

C'est lui qui organise et fait respecter la famille, la propriété ; c'est lui qui est la règle des relations usuelles, qui assure la liberté et la bonne foi des conventions.

C'est lui que les Tribunaux appliquent chaque jour.

Le droit civil d'un peuple est, en même temps, un effet et une cause :

Un effet, parce qu'il est et doit être harmonisé avec les mœurs et les usages du pays qu'il régit.

Une cause, parce que, touchant aux plus graves questions de la vie dans la famille et la société, il peut avoir la meilleure ou la plus détestable influence sur la moralité d'un peuple.

Comme l'on comprend que le jeune professeur se soit passionné pour son enseignement, et en ait fait le but de sa vie entière !

Pendant treize ans, il travailla sans cesse, faisant ses recherches, amassant et coordonnant ses matériaux, n'ayant pas cette exubérance d'ambitieux désirs de publication hâtive qui tourmente tant de jeunes gens.

Il se contentait de se faire connaître par ses leçons remarquables, attendant tranquillement et modestement l'heure où il se trouverait suffisamment prêt pour une publication de longue haleine.

En 1845 parut le premier volume du cours de Code civil : *De la publication, des effets et de l'application des lois, en général. De la jouissance et de la privation des droits civils. Des actes de l'état civil. Du domicile* (art. 1 à 111 du Code civil).

De 1845 à 1856, M. Demolombe publia onze autres volumes qui comprenaient le commentaire des articles 112 à 710 du Code civil.

Il avait ainsi, à cette date, terminé l'étude des deux premiers livres du Code, c'est-à-dire de la législation sur l'état des personnes, sur les biens, et sur les droits réels constituant un démembrement du droit de propriété.

Parmi ces traités, dont chacun est une œuvre remarquable, j'en retiens deux qui sont, et le mot n'est que juste, de véritables chefs-d'œuvre : l'*Absence* (un volume), *Les Servitudes* (deux volumes).

L'Absence. Aux rédacteurs du Code civil revient l'honneur d'avoir substitué, aux quelques règles éparses et insuffisantes qui existaient en Droit romain ou dans l'ancien Droit, un système complet et protecteur des intérêts de l'absent et des tiers.

A M. Demolombe revient l'honneur d'avoir, le premier, et de main de maître, su discerner le vrai caractère de l'absence, et classifié méthodiquement les principes qui la gouvernent.

Le *Traité de l'absence*, c'est une création !

Le Traité des servitudes, c'est l'ouvrage le plus complet, le plus clair, le plus exact que l'on possède sur cette matière, à la fois si juridique et si pratique. Si nous vivions au temps où l'on faisait des lois au moyen de fragments empruntés aux ouvrages des jurisconsultes, les ciseaux de Tribonien seraient restés inactifs, et le traité des servitudes tout entier eût composé le titre : *De Servitutibus*.

Ai-je besoin d'ajouter que dans ses commentaires sur le premier livre, c'est-à-dire sur l'état des personnes, ce n'est pas seulement l'exposition magistrale des principes, l'exactitude des solutions, la clarté, la précision du style, la vigueur, la plénitude et la loyauté de l'argumentation qui caractérisent le talent de M. Demolombe.

Il joint à ces qualités l'élévation des idées, et il traduit, dans des termes d'une véritable éloquence, le sentiment profond d'honnêteté et d'équité qui l'anime.

L'interprète du Code, pour lui, ne doit pas se contenter d'enregistrer la solution donnée, et d'en déduire les conséquences.

Le jurisconsulte a une mission plus haute. Il doit, éloigné de toute lutte politique, étranger et voulant rester étranger au mot d'ordre de tel ou tel parti, inaccessible aux haines ou aux faiblesses de l'ambition, s'ériger en juge respectueux, mais impartial et indépendant de la loi qu'il commente, et, ne relevant que de sa conscience, louant le bien et démasquant le mal, éclairer le pouvoir et le pays sur les qualités ou les vices de la législation existante.

Voilà quel était, aux yeux de M. Demolombe, le rôle du jurisconsulte.

Ce rôle, il l'a rempli !

Prenons, presque au hasard, quelques passages de ses œuvres :

Dans son traité du mariage, M. Demolombe indique que trois sortes d'intérêts recommandent cette institution à la sollicitude du législateur, l'intérêt de la société, l'intérêt des parties contractantes, l'intérêt de la famille des futurs époux.

L'intérêt de la société.

« Le mariage, dit-il, est la source des familles ; « or la société elle-même n'est que la réunion de « toutes les familles ; le mariage est donc véritable- « ment la base de tout ordre social, et les lois qui « le régissent exercent d'ailleurs, sous tous les « rapports, une influence profonde sur les mœurs « publiques. »

Comme en quelques mots simples et vrais, M. Demolombe fait toucher du doigt cette vérité que le respect de l'institution du mariage est une condition d'existence sociale !

Comme il montre l'enchaînement et les rapports de cause à effet de ces trois termes : mariage, famille, patrie !

M. Demolombe n'était pas partisan du divorce. (V. t. II, *Du Mariage*, p. 462, n° 361.)

Mais cela ne tenait pas chez lui à l'idée que la religion dût être sanctionnée et rendue obligatoire par la loi civile.

Il était au contraire un défenseur ardent et convaincu de la liberté de conscience, la première de toutes les libertés, la seule qui ne puisse et ne doive recevoir aucune atteinte de la législation.

Il n'admettait pas plutôt une irreligion qu'une religion d'état.

Profondément respectueux pour ce qui est profondément respectable, il voulait qu'on protégeât le libre exercice de la religion sans admettre qu'on pût l'imposer.

Et, à propos d'une controverse célèbre, celle de savoir si le prêtre catholique peut se marier, après avoir démontré que d'après lui, aucune prohibition n'était créée par la loi civile, il répondait en ces termes éloquents à l'argument tiré du scandale causé par un pareil mariage (t. Ier, *Du Mariage*, p. 210) :

« Je ne nierai point assurément la gravité des « considérations qui peuvent s'élever contre le ma- « riage des prêtres. Ce n'est pas que je sois très « effrayé du moyen qu'on aura ainsi de se soustraire « à la loi du recrutement... Ce qui est bien plus sé-

« rieux, c'est le relâchement, c'est l'altération qui « pourrait en résulter dans la discipline du clergé. « C'est la tranquillité des familles, c'est la considé- « ration et l'honneur du sacerdoce qui pourraient « se trouver compromis !

« Mais ces considérations, si respectables qu'elles « soient, ne sauraient prévaloir sur les textes « mêmes de la loi, sur les principes essentiels de « notre droit public.

« La liberté religieuse est comme toutes les autres « libertés. Elle a ses inconvénients et ses périls sans « doute : mais elle a de bien plus grands avantages « et d'inappréciables bienfaits ! Et elle n'en est pas « moins, en religion comme en politique, le meilleur « et le plus noble des régimes.

« Le mariage des prêtres est réprouvé par les « mœurs de notre société française, par ses mœurs « catholiques. Oh ! tant mieux ! Car, si je suis con- « vaincu que la loi civile ne le défend pas, ne croyez « pas que je l'approuve.

« Livrons donc aux censures de l'opinion le prêtre « déserteur, prêtre toujours aux yeux de l'église. « Que son apostasie subisse toutes les peines que « l'Église a le droit d'infliger, dans l'ordre de sa ju- « ridiction spirituelle. Mais telle peut être seulement « l'unique sanction d'une obligation toute morale « en effet, et toute spirituelle. »

Permettez-moi une dernière citation.

Dans son traité de la Puissance paternelle, M. Demolombe s'exprime ainsi (pages 209 et 210, n° 264) :

C'est l'honneur des auteurs du Code civil d'avoir, « les premiers, fondé sur ses véritables bases la

« puissance paternelle, et de lui avoir restitué son « caractère naturel, son caractère de bienfaisante « protection, en évitant le double écueil d'une ex« cessive sévérité et d'une trop grande faiblesse.

« Je sais bien qu'on les a pourtant aussi accusés « d'avoir donné trop peu d'étendue et d'énergie à « la puissance paternelle; d'avoir, par exemple, « témoigné une défiance blessante contre les père « et mère dans les dispositions qui assurent à l'en« fant une réserve et qui mettent fin à l'usufruit « légal avant la majorité.

« Nous expliquerons bientôt les motifs très sérieux, « et selon nous très légitimes de ces dispositions « spéciales, et, quant à l'organisation générale de la « puissance paternelle, telle que le Code civil l'a « faite, nous reconnaîtrons bientôt qu'elle est, en « effet, conforme à la nature et à la raison, con« forme surtout à notre civilisation actuelle, aux « mœurs de notre société, aux habitudes communes « des familles.

« Si des germes funestes d'insubordination et de « révolte se révèlent, hélas! trop souvent au sein « du foyer domestique, et dans les plus jeunes « cœurs, la faute n'en est pas aux lois civiles, elle « en est parfois aux parents eux-mêmes, qui oublient « leurs premiers devoirs envers leurs enfants, et on « la trouverait, sans aucun doute aussi, dans cet « affaiblissement général du principe même de toute « autorité, si profondément ébranlé par tant de « bouleversements, et qui rend, de nos jours, un « gouvernement, quel qu'il soit, public ou privé, si « difficile.

« Mais je n'en crois pas moins fermement que « notre Code donne au père et à la mère une auto- « rité suffisante pour remplir leur mission, s'ils en « comprennent bien eux-mêmes toute la sainteté « et l'importance. »

Puis, plus loin, au n° 266, M. Demolombe ajoute :

« On demande quelquefois si la puissance pater- « nelle a été établie par nos lois nouvelles dans « l'intérêt du père, comme sous le droit romain, ou « bien dans l'intérêt des enfants, comme sous nos « coutumes.

« Je réponds que la puissance paternelle a été « créée dans l'intérêt de tous, des enfants, des père « et mère, de l'État lui-même.

« Dans l'intérêt des enfants principalement sans « doute, car il faut à leur faiblesse un protecteur, « un guide à leur inexpérience.

« Dans l'intérêt des père et mère, car c'est pour « eux, non pas seulement un devoir, mais aussi *un* « *droit* d'élever leurs enfants, de leur donner le « genre d'éducation qui leur convient ; d'éveiller en « eux la vocation pour la carrière vers laquelle ils « veulent les diriger, etc.

« Dans l'intérêt de l'État lui-même, enfin, car le « bon ordre des familles est la première condition « et la plus sûre garantie du bon ordre de la société, « car la puissance paternelle est le meilleur auxi- « liaire de la puissance publique ; et, lorsqu'elle « remplit bien sa mission, lorsqu'elle sait inspirer « aux enfants des sentiments de religion et de mo-

« rale, les former à des habitudes de discipline et de « travail, soyez sûrs qu'elle prépare de bons citoyens « pour la patrie ! »

Quel beau et simple langage, Messieurs ! Quel grand enseignement ?

Quels sentiments vrais, quel patriotisme éclairé anime et fait vibrer ces pages, que l'on dirait écrites d'hier, et que l'on devrait sans cesse relire et méditer !

Avec quelle hauteur de vues et quelle précision vous l'avez signalé, mon maître vénéré, ce mal qui ronge depuis trop longtemps la société moderne, cet affaiblissement général du principe d'autorité « qui « rend un gouvernement, public ou privé, si diffi- « cile », qui fait que tous veulent commander, et que personne ne veut obéir, qui remplace le sentiment du devoir par les appétits de l'ambition, et qui oublie, au milieu de luttes mesquines ou coupables pour l'intérêt personnel, l'intérêt suprême, celui de la patrie, celui de la France !

Avec quelle sûreté, quelle rectitude de jugement, n'avez-vous pas indiqué le remède, en parlant de la puissance paternelle, cette institution d'origine, non humaine, mais divine, qui constitue pour les parents *un devoir* sacré, mais qui est en même temps *un droit* pour eux, responsables qu'ils sont devant Dieu de ces âmes qu'il leur a confiées !

Oui, le remède est dans l'éducation, et la puissance paternelle, « lorsqu'elle remplit bien sa mission », est « le meilleur auxiliaire de la puissance publique ».

Et cette mission sainte, cette mission de salut et

de régénération,— vous l'avez écrit, et on ne saurait trop le répéter avec vous,— cette mission, c'est « d'inspirer aux enfants des sentiments de religion « et de morale, de les former à des habitudes de « discipline et de travail, » afin de préparer « de « bons citoyens pour la patrie ! »

Oui, l'enfant élevé dans le respect de ses parents trouvera tout simple plus tard le respect de l'autorité.

Imbu dès le jeune âge de la notion du devoir et de l'esprit de sacrifice individuel qu'enseignent et que gravent au fond du cœur la religion et la vraie morale, soutenu par sa foi en tout ce qui est beau, noble et généreux, celui-là, devenu homme, comprendra qu'il doit, dans la limite de ses forces, être utile aux autres.

Le pays, pour lui, ce sera la grande famille, et il aimera son pays comme il a appris à aimer sa famille.

Et quand le jour viendra où la patrie, mutilée depuis dix-sept ans, et qui saigne encore de sa blessure, aura besoin du secours de son bras pour la défendre contre une nouvelle attaque et reconquérir alors l'intégrité perdue, celui-là, croyez-le, ne sera pas le dernier à se lever, frémissant, et, l'âme sereine, le cœur ferme, prêt au sacrifice de sa vie, sachant que sa récompense est plus haut, il courra prendre part à la lutte suprême, pour laquelle la France appellera ses enfants !

Tel sera, Messieurs, celui qu'une éducation forte et saine aura préparé à être un bon citoyen pour la patrie.

Vous relirez, Messieurs, le traité de la Puissance Paternelle de M. Demolombe : vous relirez ses autres traités sur les deux premiers livres du Code civil, et partout vous trouverez, à côté de qualités supérieures d'exposition et de discussion, cette élévation de pensées, ce jugement droit et sûr qui caractérisent son œuvre.

Comment cette œuvre fut-elle appréciée ?

Mon collègue, M. Toutain, l'a rappelé avec une telle autorité, une telle vérité et dans un langage si beau et si simple tout à la fois, que je ne peux, Messieurs, que reproduire textuellement ses paroles.

Il serait impossible de mieux dire.

Il serait difficile de dire aussi bien.

« Quand », dit M. Toutain dans le discours qu'il a prononcé aux obsèques de M. Demolombe, « quand « parurent ses premiers volumes sur le Code civil, « en 1845 et années suivantes, il se produisit un « sentiment général d'étonnement d'abord, et bien- « tôt d'admiration.

« Quoique les ouvrages, traités et commentaires « sur notre droit privé fussent nombreux déjà, le « Code civil n'avait jamais été abordé avec une telle « ampleur de vues, une telle rectitude dans les « aperçus et les développements juridiques.

« Il semble même que, pour la plupart des com- « mentateurs, à cette époque, les deux premiers « livres de ce Code n'avaient qu'un caractère et un « intérêt presque secondaires.

« Or, M. Demolombe, de 1845 à 1856, n'y consa- « crait pas moins de douze volumes, dont les deux

« derniers (le *Traité des servitudes*) sont le couron-
« nement le plus brillant de cette magistrale expo-
« sition du Droit civil sur les personnes et sur les
« biens.

« Certes M. Demolombe eût pu arrêter là son
« œuvre. Elle eût amplement suffi à sa renommée. »

Messieurs, M. Demolombe ne s'arrêta pas, et, de 1857 à 1860, il publia le *Traité des successions* (5 volumes), de 1861 à 1866, le *Traité des donations et testaments* (6 volumes) et de 1867 à 1882 le *Traité des obligations* (8 volumes).

Là, Messieurs, s'arrêta son œuvre.

En 1882, M. Demolombe avait soixante-dix-huit ans. Son intelligence et sa volonté, qu'il a conservées jusqu'à sa mort, étaient intactes ; mais ses forces physiques étaient diminuées par l'âge ; le travail de recherches, si nécessaire pour celui qui écrit un ouvrage de droit, devenait une fatigue.

M. Demolombe prit sa retraite comme auteur.

Messieurs, les grands enseignements se survivent à eux-mêmes et se perpétuent.

L'un des meilleurs disciples de notre regretté doyen, notre cher collègue, M. Guillouard, a, du vivant de son ancien maître, encouragé par lui, publié un *Traité* en deux volumes *sur Le Louage*, où, mettant à profit cette méthode si sûre que M. Demolombe inculquait à ses élèves, il a su, cependant, et je l'en loue, rester lui-même.

Le *Traité*, en deux volumes, de M. Guillouard, *sur le Louage*, est le meilleur commentaire que nous possédions sur cette matière d'une importance pratique considérable.

Stimulé par ce succès mérité, notre collègue s'est mis résolûment à l'œuvre, et s'est proposé, avec l'assentiment et l'approbation de M. Demolombe, de présenter un commentaire complet du Code civil sur toutes les matières qui n'avaient pas été traitées dans les ouvrages de l'éminent jurisconsulte.

Les trois volumes qu'il a déjà publiés sur le *Contrat de mariage* ont prouvé que le disciple faisait honneur au maître.

Messieurs, je ne peux, vous le comprenez, dans un discours de rentrée, analyser les traités que M. Demolombe a publiés sur les successions, les donations et testaments, les obligations.

Le temps ne me le permettrait pas.

Qu'il me suffise de vous dire que, dans ces parties du Droit si importantes où les plus graves questions sont agitées dans la doctrine et la jurisprudence, les œuvres de M. Demolombe présentent le commentaire le plus complet, le plus sûr et le plus élevé de notre législation.

Dans cette matière si difficile des obligations, où chaque question de détail est presque une question principale, l'ouvrage de M. Demolombe est un guide nécessaire pour le professeur comme pour le magistrat.

Pour ne citer qu'un exemple entre mille, prenez son explication de la *Nature du Paiement avec subrogation.*

Au milieu de tous ces systèmes divers dont aucun ne satisfait l'esprit, cession transport dans certains cas, paiement dans d'autres, cession à l'égard de l'un, paiement à l'égard de l'autre, attache à une nouvelle créance des privilèges, hypothèques et garanties de l'ancienne, voyez comme est précise et lumineuse dans sa simplicité cette formule qui se dégage du livre de M. Demolombe, et qui, depuis qu'il a paru, peut être considérée comme une vérité qui ne sera plus sérieusement discutée :

La subrogation n'est qu'un paiement, mais un paiement qui, par la volonté de la loi, fait passer dans les mains du subrogé l'ancienne créance, dans la limite de ses déboursés, et pour les recouvrer.

Messieurs, pour apprécier, comme il convient de le faire, les divers *Traités* de M. Demolombe, il faudrait, comme l'a si bien dit notre collègue, M. Toutain, une longue et savante analyse, avant d'arriver au jugement de l'œuvre entière.

Cette étude si instructive, l'Académie de Toulouse vient de la choisir comme sujet de concours.

Qu'elle permette aux élèves de M. Demolombe de lui en témoigner toute leur gratitude.

C'est un grand hommage rendu à la mémoire d'un grand homme, et qui honore ceux qui en ont eu la pieuse pensée.

Je ne peux, Messieurs, dans ce discours, qu'essayer de vous présenter, dans une esquisse imparfaite, les caractères principaux de l'ouvrage immortel de M. Demolombe.

D'autres que lui ont écrit sur le droit civil des livres de grande valeur, et les noms de Merlin, de Toullier, de Duranton, de Troplong, de Demante, de Marcadé, et de son savant continuateur, M. Paul Pont, ceux de Valette, de Colmet de Santerre et de Laurent ont passé ou passeront à la postérité.

Mais, au milieu de ces monuments de science juridique, s'élève plus haut encore l'ouvrage de M. Demolombe, comme les œuvres de Pothier s'élèvent au-dessus de tous les commentaires des auteurs qui ont écrit sur l'ancien Droit.

Pothier ! Demolombe !

Pothier, c'est le précurseur du Code civil, qui s'est inspiré en grande partie de ses œuvres !

Demolombe, c'est l'incarnation de notre Droit civil, si je peux m'exprimer ainsi ; c'est presque la loi vivante, se commentant elle-même !

Et quelle ressemblance entre ces deux jurisconsultes par excellence !

Même méthode, même clarté, même sûreté de jugement, même honnêteté de conscience !

Tous deux, ils étaient simples, sans ambition, n'ayant eu toute leur vie qu'un objectif : leurs chères études juridiques, qu'un désir ardent : celui d'en faire profiter les autres !

Tous deux n'étaient pas seulement des savants.

Tous deux, et c'est le plus bel éloge qu'on puisse leur adresser, sont des *vulgarisateurs de la science !*

Pothier, c'est le Demolombe de l'ancien Droit !

Demolombe, c'est le Pothier du Droit actuel !

Qui peut, à la lecture de ses ouvrages, ne pas admirer les divisions si simples et si logiques, à l'aide desquelles il classifie chaque matière, tellement logiques qu'elles ne permettent pas, après lui, d'en trouver d'autres !

Ce qui fait la grandeur, et ce qui fera la durée de l'œuvre de M. Demolombe, c'est la méthode et la clarté avec laquelle les grands principes juridiques sont mis en relief.

C'est le soin avec lequel, loin de réduire le Droit, science concrète, à une série de théorèmes, il traite, avec une grande sûreté de recherches, la partie historique de son sujet, et de chaque question controversée.

C'est la rectitude de jugement qui préside à son étude, sur chaque matière, des motifs de la loi, la justesse d'esprit avec laquelle il scrute les intentions du législateur.

C'est la forme littéraire du style, la courtoisie du langage ; c'est l'élévation des sentiments, le profond respect dont ses ouvrages sont empreints pour toutes les saines idées, pour la morale et l'équité !

Ce qui constituera toujours, je ne dis pas l'utilité, mais la nécessité, pour le savant, pour l'avocat, pour le magistrat, de consulter et méditer le cours de Code civil de M. Demolombe, c'est la supériorité avec laquelle les questions controversées sont traitées.

Une grande controverse, discutée par lui, c'est un petit drame saisissant et supérieurement divisé.

Les arguments de texte sont présentés dans cette forme syllogistique qui donne tant de relief au raisonnement.

Le texte, c'est la base même de l'argumentation du savant jurisconsulte.

Mais aucune subtilité, aucun paradoxe ne déparent cet argument tiré des textes.

M. Demolombe ne cherche pas, comme tant d'auteurs, à les plier à la solution qu'il propose.

Le texte est pour lui, et il a raison puisque c'est la loi elle-même, le premier des arguments. M. Demolombe n'oublie point que l'interprète de la loi ne doit jamais se substituer au législateur.

Mais il se garde d'exagérer la portée de la lettre de la loi, et il éclaire le texte par les principes, la raison, l'historique de la question et l'équité.

Dans une controverse, M. Demolombe ne se contente pas de formuler les motifs de son opinion ; il présente le tableau complet des arguments invoqués dans le système opposé, tels qu'ils sont, sans les affaiblir.

Sur une question examinée par lui, il n'y a plus rien à trouver, et, en lisant son livre, on peut se prononcer en pleine connaissance de cause.

Il n'impose pas son opinion comme un dogme, il persuade par la vérité de sa démonstration.

Ai-je besoin d'ajouter que, ferme dans ses opinions, et luttant avec une énergie qui a ramené à diverses reprises la jurisprudence, contre les décisions qu'il croit mauvaises, quelque accréditées qu'elles soient, jamais il ne cède à l'attrait qui porte beaucoup d'auteurs, sous prétexte d'originalité, à contrecarrer, de parti pris, l'opinion générale, ou les décisions de cette jurisprudence, qui a eu une si grande part dans l'interprétation de la loi ?

La sûreté de doctrine est, au milieu de tant d'autres, une des grandes qualités de l'œuvre de M. Demolombe.

Son commentaire du Code civil est un livre de science et de pratique, tout à la fois !

Science et pratique !

Deux mots qui n'en font qu'un, Messieurs, pour le vrai jurisconsulte.

Le jeune théoricien qui, du haut de son inexpérience, et se complaisant dans les abstractions qu'il croit comprendre, méprise cette pratique qu'il ignore, ne se rend pas plus compte de ce qu'est le Droit civil que le prétendu praticien qui s'imagine qu'avec de l'intelligence personnelle, et un peu d'habitude des affaires, on applique très bien la loi, sans avoir besoin de se fatiguer à l'étudier, par une sorte de divination instinctive et peut-être une grâce d'état.

« J'ai toujours déploré », dit M. Demolombe dans la préface de son premier volume, « cette espèce de « divorce que l'on remarque parfois entre la théorie « et la pratique, et ces dédains réciproques qu'elles « se témoignent si mal à propos de part et d'autre. « Comme si la théorie, étrangère au progrès du « temps et des mœurs, privée des enseignements « de l'expérience, ne devait pas dégénérer bientôt « en vaine spéculation ! Comme si la pratique, sans « méthode et sans règles, n'était pas autre chose, à « son tour, qu'une pitoyable et dangereuse rou- « tine !

« Rien n'est donc plus nécessaire et plus désirable « que leur alliance pour conserver à la science du « droit son caractère essentiel, pour la maintenir « dans sa voie, pour la diriger enfin vers le but « marqué à ses efforts, vers un but d'application « utile, positive et pratique, *ad usum communis* « *vitæ*, a très bien dit Leibnitz.

« Car tel est véritablement le Droit, science ac-

« tive et militante, toujours en présence des faits
« qu'elle a pour mission de gouverner.

« Et voilà bien pourquoi les jurisconsultes se forment et s'éclairent, non moins que dans les livres, « par l'observation attentive des mœurs et des besoins de la société, et de tous les intérêts, et de « toutes les passions qui s'y agitent, *veram philosophiam, non simulatam affectantes.* »

Ce programme si bien conçu, cette notion si vraie du droit, on en trouve l'application à chaque page des œuvres de M. Demolombe.

Il me reste à signaler deux caractères distinctifs de ses œuvres.

M. Demolombe a voulu être, et il a été complet.

« Je n'ignore pas », dit-il encore dans sa préface, « l'espèce de prévention qui règne dans certains « esprits contre les livres de quelque étendue. »

Mais cette prévention ne l'a pas arrêté, et il a eu raison.

Être bref et complet, Messieurs, ce sont deux qualités différentes, qui chacune ont leur mérite, mais qui ne peuvent s'allier ensemble.

A la brièveté qui ne formule que la quintessence des idées et néglige forcément, non seulement beaucoup d'applications des principes, mais aussi et surtout la reproduction du travail d'esprit auquel il faut se livrer pour arriver à reconstituer tous les éléments des déductions formulées, M. Demolombe a préféré l'ampleur et la richesse des développements. Il a fait de ses ouvrages une mine féconde, que l'on peut exploiter sans efforts.

Il a étudié le droit civil jusque dans ses moindres

détails, et, reconstituant, dans un langage vivant, dans un ordre admirable, et avec une clarté sans égale, tous les éléments du travail intellectuel qui l'a amené à sa conclusion, il met la science à la portée de tous, de ceux qui veulent apprendre le droit, et des jurisconsultes qui veulent l'approfondir.

Le second caractère qui me reste à signaler dans les œuvres de M. Demolombe, c'est l'ordre par lui suivi dans l'explication du Code civil.

Convaincu, avec tous les esprits véritablement scientifiques, que la classification est la seule manière de mettre en relief les principes, M. Demolombe ne s'astreint pas à suivre l'ordre des articles.

Personne, mieux que lui, n'a appliqué la méthode dogmatique, si supérieure à l'exégèse des textes.

Mais il s'est gardé de bouleverser l'ordre du Code, et il a scrupuleusement traité, à la place qu'elles occupent, les différentes matières du droit civil.

Et M. Demolombe a eu grandement raison!

Que d'inconvénients présente ce système dogmatique exagéré, qui oblige le lecteur, lorsqu'il veut consulter un ouvrage sur un sujet traité en entier dans le Code, à la même place, à rechercher l'explication dont il a besoin dans deux et parfois trois parties d'un volume, et même dans des volumes différents!

M. Demolombe, qui voulait, à juste titre, que son ouvrage fût à la fois doctrinal et pratique, s'est gardé de cet écueil.

Il ne s'est pas laissé séduire par l'exemple d'un jurisconsulte allemand, Zachariæ, professeur à l'Université d'Heidelberg, qui, en écrivant un livre de grande valeur sur le Code civil Français, avait substitué à l'ordre du Code une division toute différente, qu'il croyait plus logique, et qui, au fond, pour l'enseignement du droit, aurait des inconvénients considérables.

Le livre de Zachariæ était un livre purement doctrinal, une synthèse élémentaire du droit civil.

Deux professeurs de cette vieille faculté de Strasbourg, qui était nôtre par le droit comme par le cœur, deux Alsaciens, deux Français par conséquent, deux jurisconsultes éminents qui furent, plus tard, appelés tous les deux à la Cour de Cassation, deux hommes dont s'honorent à la fois l'enseignement du droit et la magistrature, ont eu l'idée de compléter, par des notes substantielles, l'œuvre de Zachariæ, rectifiant, dans ces notes, les appréciations qui leur paraissaient erronées, complétant les explications du texte, traitant les questions controversées, et de cet ouvrage purement théorique, faisant un ouvrage pratique par l'indication exacte de la doctrine et de la jurisprudence.

Plus tard, MM. Aubry et Rau, en conservant l'ordre de Zachariæ, refondirent complètement le texte, et y substituèrent le leur, de sorte qu'à l'heure actuelle, cet ouvrage, considérable dans la science, s'appelle et est en réalité le cours de Droit civil Français, d'après la méthode de Zachariæ, par MM. Aubry et Rau.

Il est impossible, quand on apprécie les œuvres de M. Demolombe, d'oublier celles d'Aubry et Rau.

L'ouvrage de MM. Aubry et Rau n'est pas le rival

de celui de M. Demolombe. Il ne lui ressemble, ni de près, ni de loin.

L'ouvrage de MM. Aubry et Rau, c'est la synthèse par excellence.

Les principes sont formulés d'un mot.

Les controverses sont résumées, et les systèmes adverses sont indiqués sans développement. Parfois même on rencontre une affirmation d'une déduction discutée sans arguments à l'appui.

Les solutions, généralement excellentes, sont quelquefois paradoxales.

Mais aussi, quelle précision et quelle vigueur ! chaque phrase porte, et dans une ligne se trouve tout un système, toute une théorie !

J'ajoute que l'état de la doctrine et de la jurisprudence est indiqué avec le plus grand soin.

L'ouvrage de MM. Aubry et Rau ne nuit pas plus à celui de M. Demolombe que l'ouvrage de M. Demolombe ne fait tort à celui d'Aubry et Rau.

Si vous voulez scruter complètement une matière, ou une question, prenez Demolombe.

Si vous voulez vous rappeler l'ensemble d'une matière, et vous remémorer, presque par un coup d'œil, les grandes lignes et les difficultés du sujet, lisez Aubry et Rau.

Et toutes les fois que vous le pourrez, ne négligez ni l'un ni l'autre des deux ouvrages. Ils se complètent l'un l'autre.

Mais le cours de Code civil de MM. Aubry et Rau n'enseignera pas le droit à celui qui ne le sait qu'imparfaitement. Pour le comprendre, pour saisir la portée d'un livre aussi concis dans la forme et dans l'idée, il faut être déjà presque un jurisconsulte.

Le cours de Code civil de M. Demolombe est, lui, à la portée de tous, de celui qui veut apprendre le droit et de celui qui le sait.

Quel plus bel éloge faire d'un livre de droit!

Et comment pourrais-je mieux résumer le caractère de cette œuvre, qu'en répétant avec M. Toutain (Discours prononcé aux obsèques de M. Demolombe) : qu'elle est devenue « classique et populaire:

« Classique aux yeux de ses collègues, qui ne « s'écartent jamais des solutions qu'il propose « qu'avec une très grande réserve.

« Classique devant les cours de justice qui y pui- « sent fréquemment les données les plus sûres;

« Populaire pour les étudiants, les avocats, les « docteurs, qui, à chaque instant, sont heureux d'y « recourir comme au meilleur auxiliaire. »

M. Demolombe est mort, Messieurs, mais son œuvre est immortelle.

De son vivant, elle a été jugée par l'Institut, qui lui a, en octobre 1879, décerné le grand prix biennal.

« Dans le domaine du Droit, et au milieu de notre « époque contemporaine, » disait le rapporteur, M. Charles Giraud, « elle se place au premier rang « des productions de l'esprit français dans le dé- « partement de la jurisprudence. »

Ce jugement, Messieurs, ne peut qu'être ratifié par la postérité!

Messieurs, quand on parle des ouvrages de M. Demolombe, la pensée se reporte, tout d'abord, vers ce monument juridique indestructible, qui est l'œuvre principale. Mais il ne faut cependant pas oublier les savantes dissertations juridiques dont il enrichit *la Revue critique de la jurisprudence*, qu'il avait fondée en 1851.

Il ne faut pas oublier non plus ces consultations qui faisaient autorité dans toute la France, qui étaient, selon l'heureuse expression de M. Toutain, un évènement au Palais, et qui devraient toutes être réunies en une publication spéciale, suivant le désir exprimé dans le discours plein de cœur que prononça M. Guernier, alors bâtonnier, aux obsèques de M. Demolombe.

M. Demolombe n'était pas un avocat plaidant, et n'avait pas voulu l'être. Sa santé ne lui eût pas permis ces émotions inséparables de la lutte courtoise, mais passionnée de l'audience ; et d'ailleurs, la vie absorbante du Palais ne lui eût pas laissé le temps nécessaire pour la préparation de son ouvrage.

Mais si M. Demolombe ne plaidait pas, rien de ce qui regardait le barreau ne lui était étranger.

Quel guide plus sûr pouvait-on trouver lorsqu'il s'agissait de maintenir les traditions de l'ordre, quel chef plus ferme et plus autorisé pour faire respecter les droits du barreau, quel bâtonnier plus dévoué pour présider la conférence des stagiaires?

M. Demolombe était le type de l'avocat digne de ce nom, étudiant avec une impartialité et un soin scrupuleux l'affaire ou la question sur laquelle on lui demandait son avis, et ne prenant souci que de sa conscience pour se prononcer, sans se laisser influencer par aucune considération étrangère !

Ces consultations, c'étaient de véritables jugements, et la manière dont elles étaient préparées et délibérées n'est pas inutile à rappeler.

Pénétré de cette idée que la pratique est l'auxiliaire indispensable de la théorie, M. Demolombe s'adjoignait, comme collaborateur, un de ses collègues, en même temps avocat plaidant.

Chacun prenait connaissance de l'affaire; tous deux se communiquaient leurs impressions. Puis M. Demolombe, qui jamais ne se prononçait à la légère, et sans avoir mûrement envisagé tous les points de vue d'une question, remettait la délibération à un autre jour.

Puis, ce jour arrivé, on arrêtait ensemble la solution, l'ordre, les arguments.

Puis la rédaction préparée était revue en commun, modifiée, retouchée, et M. Demolombe lui donnait sa formule définitive.

Précieuse collaboration, Messieurs, pour celui qui se fortifiait ainsi au contact et sous la direction de M. Demolombe!

Collaboration aussi honorable pour celui qui la demandait, que pour celui que le maître jugeait digne de la fournir!

Le collaborateur de M. Demolombe fut d'abord M. Trolley, le prédécesseur de M. Toutain dans la chaire de Droit administratif.

C'était un avocat d'un mérite incontesté, d'une clarté merveilleuse, et d'une délicatesse professionnelle irréprochable, un professeur éminent, auteur d'un traité remarquable sur le Droit administratif.

Après la mort de M. Trolley, le collaborateur de

M. Demolombe a été celui qui est, sans conteste, le premier des avocats de notre barreau, qui réunit à la science juridique la plus élevée et à la conscience la plus droite la vraie éloquence, qui est à la fois un talent supérieur et un caractère.

Je n'ai pas besoin de nommer M. Carel.

Messieurs, M. Demolombe n'a pas été seulement un grand jurisconsulte. Il a été un professeur sans égal.

Ses leçons étaient des chefs-d'œuvre.

M. Toutain, dans le discours qu'il a prononcé aux obsèques de notre vénéré doyen, nous en a présenté un tableau si saisissant et si vrai que c'est un bonheur et un devoir pour moi de le reproduire :

« A trente-cinq ans de date, je vois encore, » dit-il, « cette foule empressée et bruyante qui envahissait notre amphithéâtre.

« A peine le professeur apparaissait-il, le silence le plus complet se faisait comme par enchantement.

« Le professeur abordait froidement d'abord et méthodiquement le sujet qu'il devait traiter.

« Ses divisions étaient d'une clarté parfaite.

« Il procédait patiemment, allant du connu à l'inconnu, scrutant les textes avec prudence, fixant nettement et fermement les principes.

« Puis, peu à peu et insensiblement, il arrivait aux problèmes difficiles, et enfin à ces grandes controverses qui remuaient et divisaient le monde judiciaire.

« C'est alors que le talent de M. Demolombe se déployait pour ainsi dire, à pleines voiles.

« Il commençait, presque toujours, par exposer et « construire de toutes pièces la théorie, le système « qu'il devait, plus tard, renverser et détruire.

« Il présentait franchement, loyalement, l'objec- « tion, et l'auditoire se demandait même si vrai- « ment, elle n'était pas décisive. Puis venait la ré- « futation, et l'exposition finale de la théorie du « maître qui emportait la conviction et aussi les « applaudissements de ses élèves

« Il leur communiquait ainsi, non seulement un « enseignement parfaitement conçu, animé et vivi- « fié par une parole précise et convaincue ; mais, de « plus, spectacle bien rare, il en était arrivé à les « passionner presque en faveur de l'opinion qu'il « avait adoptée sur telles et telles grandes thèses « agitant le droit privé.

« Or, pour un professeur, ce résultat, c'est la per- « fection, c'est l'idéal ! »

J'ai été, Messieurs, en 1858, 1859 et 1860, l'élève de M. Demolombe, et j'ai encore vivant dans mon souvenir cet enseignement aussi élevé que méthodique, aussi clair qu'intéressant, dans lequel, sous la parole émue et convaincue du professeur, le droit, se dépouillant de son aridité, semblait vivre et palpiter.

Je vois encore se grouper au pied de la chaire et dans une salle trop petite pour les contenir, à côté des étudiants de l'année, et de tous les bons élèves des autres années, des magistrats de valeur, avides d'entendre la parole de l'illustre jurisconsulte, et venant, élèves volontaires, fortifier leur science au contact de la sienne.

exerçait ces fonctions avec une autorité acceptée de tous, mais toujours bienveillante et paternelle.

Dans les délibérations, nul ne savait mieux que lui, empêcher une discussion de s'égarer, et la ramener à la véritable question.

Nul ne résumait mieux, en quelques mots, les moyens de décision.

M. Demolombe, Messieurs, avait le sentiment de sa valeur, mais la vanité lui était inconnue. Jamais on ne l'a entendu parler de lui.

Chez lui, la courtoisie de la forme tenait à la bienveillance du caractère, et comme l'a dit dans une formule heureuse, M. le Recteur de cette Académie, dans le discours qu'il a prononcé aux obsèques de M. Demolombe :

Chez lui, « l'énergie des convictions était toujours « contenue, mais toujours vivace. »

Exempt d'ambition, n'ayant que celle de la science, incapable de faire une démarche ou un pas pour obtenir la faveur la plus méritée, fier sans arrogance, indépendant sans affectation, ferme dans sa volonté, franc et loyal par dessus tout, tel était, Messieurs, le chef, le maître et le collègue vénéré que nous avons perdu.

Les honneurs étaient venus s'accumuler, et c'était justice, sur la tête de cet homme illustre, qui ne les a jamais sollicités.

Membre du conseil de l'ordre des avocats depuis le 15 novembre 1835, six fois bâtonnier, en 1846, 1847, 1856, 1857, 1879 et 1880, membre correspondant de l'Institut depuis 1864, pour la section de législation, il allait, lorsque la mort l'a frappé, recevoir le titre de membre libre de cette grande compagnie.

Chevalier de la Légion d'honneur le 3 juin 1846, officier le 17 juin 1853, il reçut le 31 mars 1868, la croix de commandeur des mains du ministre de l'instruction publique, M. Duruy, qui vint la lui apporter lui-même, et la lui remit en présence de toutes les Facultés et de toutes les autorités.

Qu'elle est noblement portée, cette croix de la Légion d'honneur, que rien ne pourra avilir, lorsqu'elle brille sur la poitrine loyale du soldat, prêt à verser son sang pour la défense de la patrie, ou sur celle du soldat de la science qui a, toute sa vie, combattu pour le droit et la vérité, et qui a ainsi consacré toutes ses forces au service de son pays !

D'autres honneurs encore étaient réservés à M. Demolombe.

En 1886, le décannat n'étant plus à vie, les suffrages unanimes de la Faculté de Droit, joints à ceux du Conseil général des Facultés présentèrent M. Demolombe à la désignation du ministre qui le confirma dans ces fonctions qu'il a conservées jusqu'à sa mort.

En 1873, M. Demolombe fut nommé par toutes les Facultés de France membre du Conseil supérieur de l'Instruction publique, et réélu en 1880.

Mais sa santé l'obligea, en 1881, à résigner ces fonctions.

Enfin, Messieurs, je dois vous parler aussi des honneurs qui furent offerts à M. Demolombe et qu'il a refusés.

Ce n'est pas son moindre titre à notre reconnaissance.

Le 22 janvier 1862, M. Demolombe était nommé conseiller à la Cour de Cassation.

Malgré les instances qui furent faites à Paris pour le déterminer à accepter ce poste à la Cour Suprême, dont il eût été l'un des membres les plus illustres, M. Demolombe refusa.

Il voulait rester dans sa chaire de Droit Civil, dans sa Faculté qu'il dirigeait avec tant de zèle et d'amour, dans cette ville où il avait organisé sa vie pour ses chères études juridiques.

Le 20 mars 1862, un banquet lui fut offert à Caen, banquet auquel prirent part ses élèves, et ses anciens élèves, ses collègues, le Chef de l'Académie, les Membres de l'Administration municipale, le Bâtonnier de l'ordre des avocats et le barreau.

Cette manifestation spontanée, cet hommage rendu à M. Demolombe ne sortiront pas de la mémoire de ceux qui, comme moi, ont eu le bonheur d'y assister, et tous, nous gardons précieusement et pieusement la photographie qu'il envoya à chacun de nous, en souvenir de cette journée qui, pour employer ses propres expressions, le rattachait à nous par des liens indissolubles.

Les années s'écoulèrent.

M. Demolombe ne changea pas.

M. Dufaure, Ministre de la Justice, lui offrit le poste le plus élevé de la magistrature debout, celui de Procureur général à la Cour de Cassation.

M. Demolombe fut profondément touché de cette marque de si haute estime de la part d'un jurisconsulte tel que M. Dufaure, mais il refusa encore.

Ce poste a été, plus tard, occupé par un jurisconsuite puissant, un professeur remarquable de notre Faculté, un avocat de grande valeur de notre barreau; je veux parler de M. Bertauld.

Vous comprendrez sans peine, Messieurs, quelle dette sacrée de reconnaissance nous avons contractée envers le maître vénéré qui a voulu, insouciant des grandeurs, rester jusqu'à sa mort avec nous.

Mais vous comprendrez aussi combien est consolant et fortifiant pour l'âme, dans un siècle où l'ambition n'a pas de limites, et où l'on ne sait plus attendre, ce spectacle d'un homme illustre qui, simplement, comme une chose toute naturelle, refuse des honneurs et des places qu'il n'a pas sollicités, et qu'on lui offre comme au plus digne de les recevoir et de les remplir!

Celui qui, comme M. Demolombe, a su, toute sa vie, rester fidèle au but qu'il s'est proposé, celui-là, Messieurs, c'est un caractère!

M. Demolombe, Messieurs, a gardé son intelligence et sa volonté jusqu'au dernier moment.

Il s'est vu mourir, sans déchirement et sans lutte contre la mort, calme, ferme, résigné.

Il s'est éteint le 21 février 1887, soutenu, fortifié par les consolations de cette religion qu'il avait, dans tous ses ouvrages, toujours respectée et défendue.

Et le prêtre qui a eu cette joie ineffable, pour son cœur d'apôtre, de guider l'âme de cet honnête homme vers les sphères divines, c'était un ancien lauréat de notre Faculté de Droit, qu'une vocation irrésistible a appelé au sacerdoce. C'était M. l'abbé Révérony.

Le maître a reçu l'enseignement du disciple, et le

disciple a, au centuple, payé sa dette au maître en élevant l'âme du mourant vers son créateur, et en le laissant quitter cette terre affermi dans les certitudes de la foi chrétienne !

Messieurs, M. Demolombe a voulu, lui qui avait conservé, toute sa vie, pour son père et sa mère et pour leur mémoire un véritable culte, que son corps reposât auprès d'eux dans le cimetière de Villers-Cotterets.

Nous n'avons pas le droit de nous en plaindre. Ce sentiment est trop respectable.

Nous nous contenterons donc de garder pieusement le souvenir de celui auquel nous devons ce que nous sommes.

Nous, ses anciens élèves, nous unirons nos efforts pour que l'École de Droit de Caen reste à jamais l'école de M. Demolombe, et nous nous associerons tous, du plus profond de nos cœurs, au vœu que, dans un langage si beau et si vrai, formait, aux obsèques de celui que nous n'oublierons jamais, M. le Recteur de cette Académie.

Ce sera, Messieurs, la conclusion de ce discours.

« On a placé, a dit M. Zevort, des lycées, des « écoles, sous le patronage des hommes qui ont été « l'honneur de la Patrie. Nos établissements d'en« seignement supérieur ne perdraient rien à avoir « de tels parrains, et celui de la Faculté de Droit de « Caen serait tout désigné.....

« Ce siècle touche à son déclin. Dans quelques « années, quand on dressera la liste de tous ceux « qui se sont illustrés dans le domaine de l'esprit, « on fera une place à part au premier jurisconsulte « de notre temps !

« Vous, Messieurs, vous ferez une place à part au « professeur de Code civil. Vous n'avez pas eu de « plus illustre enfant que celui qui avait fait de « cette ville la Patrie de sa pensée, de ses études, « de son enseignement.

« Caen et Demolombe, ces deux noms sont « désormais inséparables ! »

Caen, Imp. H. Delesques.

www.ingramcontent.com/pod-product-compliance
Ingram Content Group UK Ltd.
Pitfield, Milton Keynes, MK11 3LW, UK
UKHW021530260726
13993UKWH00004B/1897